다른 나라
아이들은
무슨 놀이를
할까?

글 니콜라 베르거

독일 문학과 미국학을 공부했으며, 대학 시절부터 원고 심사위원, 번역가, 작가로 일했습니다. 다양한 분야에 관심이 많아서 만들기, 수수께끼, 읽기, 아이들을 위한 놀이, 학습법과 기억력 향상법 등에 대한 책을 썼습니다. 〈블랙 스토리〉 시리즈 같은 으스스한 이야기책도 썼지요. 현재 독일 니더라인에 있는 작은 마을에서 가족과 함께 살고 있습니다.

그림 이나 보름스

독일 트리어와 폴란드 크라쿠프에서 시각 디자인을 공부하고, 지금은 일러스트레이터로 활동하고 있습니다.

옮김 윤혜정

독일에서 심리학과 독일어를 공부했고, 지금은 독일 책을 우리나라에 소개하고 번역하는 일을 하고 있습니다.
옮긴 책으로는 《마녀할머니의 선물》, 《린드버그 하늘을 나는 생쥐》, 《엘린과 숲의 비밀》, 《베이비스 인 블랙》 등이 있습니다.

더불어 사는 지구 62

다른 나라 아이들은 무슨 놀이를 할까?

처음 펴낸 날 2016년 5월 10일 | **일곱번째 펴낸 날** 2024년 5월 20일
글 니콜라 베르거 | **그림** 이나 보름스 | **옮김** 윤혜정 | **펴낸이** 이은수 | **편집** 오지명 | **교정** 송혜주 | **북디자인** 원상희
펴낸곳 초록개구리 | **출판등록** 2004년 11월 22일(제300-2004-217호)
주소 서울시 종로구 비봉2길 32, 3동 101호
전화 02-6385-9930 | **팩스** 0303-3443-9930
인스타그램 instagram.com/greenfrog_pub
ISBN 979-11-5782-020-7 74850 | 978-89-956126-1-3(세트)

• 이 도서의 국립중앙도서관 출판시도서목록(CIP)은 서지정보유통지원시스템 홈페이지(http://seoji.nl.go.kr)와
국가자료공동목록시스템(http://www.nl.go.kr/kolisnet)에서 이용하실 수 있습니다.(CIP제어번호: CIP2016010233)

세계 어린이들이 좋아하는 놀이 여행

다른 나라 아이들은 무슨 놀이를 할까?

글 니콜라 베르거 | 그림 이나 보름스 | 옮김 윤혜정

초록개구리

 **더불어 사는 지구**는 우리가 세계 여러 나라 사람들과 함께 이 지구에서 더불어 잘 살기 위해 생각해 보아야 할 환경과 생태, 그리고 평화 등의 주제를 다루는 시리즈입니다.

Die schoensten Kinderspiele aus aller Welt
by Nicola Berger. Illustrations by Ina Worms
First published in Germany by moses. Verlag GmbH, Kempen 2015.
Text and illustrations copyright © moses. Verlag GmbH, Kempen, 2015.
All rights reserved
Korean translation edition © 2016 Green Frog Publishing Co.
Published by arrangement through Orange Agency, Seoul

이 책의 한국어판 저작권은 오렌지에이전시를 통해 저작권사와 독점 계약한 초록개구리에 있습니다.
저작권법에 의해 한국 내에서 보호를 받는 저작물이므로 무단 전재와 복제를 금합니다.

차례

- 이 책을 읽기 전에 10-11
  지구촌 친구들이랑 놀 사람 여기 여기 붙어라!

- 우간다 | 공 피하기 12-13
- 탄자니아 | 몇 개일까? 14-15
- 남아프리카 공화국 | 공 이어받기 16-17
- 모로코 | 암탉과 애벌레 18-19
- 레소토 | 내 소가 잘 있나? 20-21
- 터키 | 돌 다섯 개 22-23
- 독일 | 도둑과 경찰 24-25
- 핀란드 | 계단에서 잡기 26-27
- 이탈리아 | 공 받기 열세 고개 28-29
- 영국 | 감자 들고 달리기 30-31
- 인도 | 사방치기 32-33
- 일본 | 다루마 씨가 넘어졌다! 34-35

- 중국 | 만리장성 36-37
- 아프가니스탄 | 6 대신 5 38-39
- 캐나다 | 네 개의 사각형 40-41
- 미국 | 풍선을 띄워라! 42-43
- 칠레 | 차단기가 열렸니? 44-45
- 콜롬비아 | 강낭콩 던지기 46-47
- 파라과이 | 거미와 파리 48-49
- 브라질 | 동전 맞히기 50-51
- 오스트레일리아 | 코코넛은 어디에? 52-53
- 오스트레일리아 | 캥거루 꼬리 잡기 54

- 추천의 글 56
  가장 멋진 놀이는 또래와 어울려
  어떻게 놀까 궁리할 때 생겨난다!
  아냐 메킹 (독일 '우간다와 함께하는 협회' 회장)

 이 책을 읽기 전에

지구촌 친구들이랑 놀 사람 여기 여기 붙어라!

여러분은 학교 운동장에서나 방과 후 동네에서 친구들과 노는 것이 제일 신날 거예요. 아마 친구들과 어울려 자전거나 인라인스케이트, 스케이트보드를 타겠지요. 축구, 배드민턴, 술래잡기, 숨바꼭질같이 누구나 다 아는 놀이도 하지만, 가끔은 새로운 놀이를 만들어 낼 때도 있을 거예요.

여러분과 똑같이 다른 나라 친구들도 놀기를 좋아합니다. 잘살건 가난하건 상관없이 말이에요. 지구촌에는 수많은 놀이가 있지만, 가만히 들여다보면 서로 비슷한 게 많답니다. 가령 축구나 야구는 세계 어디에서나 아이들이 즐겨하는 놀이예요. 물론 아이들이 사는 동네에서 어떤 재료를 쉽게 얻을 수 있느냐에 따라 놀이에 조금씩 차이가 있기는 하지요.

나는 해마다 아프리카에 있는 우간다에 갑니다. 우간다에 가면 키소로라는 도시의 성 조지 초등학교를 찾아가지요. 그곳 남자아이들은 쉬는 시간에 운동장에서 신나게 축구를 합니다. 하지만 그 아이들에게는 가죽으로 제대로 만든 축구공이 없습니다. 아이들은 천 조각이나 비닐봉지, 털 뭉치로 직접 공을 만들어요.

골대는 흙바닥에 그리죠.
그곳 여자아이들 사이에서는 땅바닥에 네모 칸을 그린 다음 깡충깡충 뛰어가면서 노는 놀이가 인기예요. 아이들은 쉬는 시간마다 학교 운동장으로 뛰어나가 울퉁불퉁한 흙바닥에 막대기로 무엇이든 그립니다. 어떨 때는 달팽이를 그리고, 어떨 때는 십자가를 그립니다. 그렇지만 아이들은 종종 전혀 다른 것을 그리기도 해요. 여러분처럼 우간다 아이들 머릿속에는 재미난 꾀가 넘쳐나니까요.
세계 어느 곳이든 아이들은 늘 새로운 놀이를 만들어 냅니다. 놀이는 엄청나게 많지만, 이 책에는 그중 몇 가지가 실려 있어요. 책을 읽다 보면 친구들과 당장 책에 실린 놀이를 해 보고 싶을 거예요.
자, 이제 밖으로 뛰어나가서 신나게 놀아 봐요!

아냐 메킹 (독일 '우간다와 함께하는 협회' 회장)

우간다

우간다는 아프리카 대륙 한가운데에 있습니다. 이곳은 세계에서 가장 긴 강인 나일 강이 시작되는 나라예요. 우간다 숲 속에는 엄청나게 큰 식물들이 자랍니다. 마치 마법에 걸린 것처럼 말이에요. 우간다에서는 보통 70명의 아이들이 한 반에서 수업을 받아요. 교실이 넉넉하지 않아 땅바닥에 앉아 공부를 하는 아이들도 많습니다. 우간다 아이들은 춤추고 노래하는 것을 좋아해요. 물론 놀이도 좋아하지요. 남자아이들은 축구를 좋아합니다. 여자아이들에게는 공 피하기 놀이가 가장 인기 있는데, 이 놀이는 우간다에서 '퀘페나'라고 불려요.

공 피하기

- 몇 명이 해? 3명
- 뭐가 있어야 해? 공
- 어떻게 놀아?

두 아이가 서로 마주 보고 서. 둘 사이의 거리는 큰 걸음으로 적어도 다섯 걸음은 되어야 해. 나머지 한 아이는 두 아이 중간에 서. 양쪽에 선 아이 둘이 공으로 가운데에 있는 아이를 맞히는 거야. 이때 공을 너무 세게 던지지는 마! 가운데 아이는 날아오는 공을 피해야 해. 공에 맞으면 공을 던진 아이와 자리를 바꾸고, 놀이를 새로 시작하면 돼.

탄자니아

탄자니아는 아프리카 대륙의 동쪽에 있어요. 이 나라에는 기린, 얼룩말, 코끼리 같은 야생 동물이 살아가는 열대 초원이 넓게 펼쳐져 있습니다.
탄자니아 북동쪽에는 아프리카에서 가장 높은 산인 킬리만자로 산이 있답니다.
탄자니아에는 수쿠마, 스와힐리, 마사이 같은 다양한 부족들이 살고 있어요.
학교는 7학년까지 무료이지만, 교복과 학용품과 책이 무척 비쌉니다.
그래서 학교에 다니지 못하는 아이들이 많아요.

몇 개일까?

- **몇 명이 해?** 2명 이상
- **뭐가 있어야 해?** 한 사람당 돌 15개
- **어떻게 놀아?**

모두 바닥에 앉은 다음 각자 작은 돌을 15개씩 등 뒤에 놓아. 놀이를 하는 동안 다른 아이들이 내 돌이 몇 개인지 알 수 없게 하려고 등 뒤에 놓는 거야.
가장 어린 아이가 먼저 놀이를 시작해. 그 아이가 돌을 1~4개 손안에 숨기면, 돌을 숨긴 아이의 왼쪽에 앉은 아이가 그 돌이 몇 개인지 알아맞히는 거야. 개수를 맞히면 손에 숨긴 돌을 모두 받을 수 있지만, 맞히지 못하면 자기 돌 1개를 돌을 숨긴 아이에게 줘야 해.
이 놀이는 이런 식으로 계속 시계 방향으로 진행하되, 돌을 다 잃은 아이는 빠지면 돼. 그러니까 돌을 모두 딴 사람이 승자! 놀이가 너무 길어질 수 있으니 미리 몇 판을 할지 정해서 그 횟수만큼 놀이한 다음, 각자 남은 돌을 세어 가장 많이 딴 사람이 이기는 것으로 해도 좋아.

남아프리카 공화국

남아프리카 공화국은 다민족 국가입니다. 여러 나라와 다양한 문화권에서 온 사람들이 함께 모여 살아 '무지개 국가'라고 부르기도 합니다. 그중에는 수많은 아프리카 부족들이 있고, 유럽이나 아시아에서 온 사람들도 있어요. 공식적으로 쓰이는 언어만 해도 11개랍니다.

'타운십'이라고 불리는 지역은 가난한 사람들이 사는 곳인데, 사람들은 대부분 양철로 지은 판잣집에서 살아요. 그곳 아이들은 비닐봉지나 전선, 플라스틱같이 주변에서 흔히 찾을 수 있는 온갖 것들로 장난감을 만듭니다.

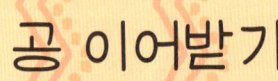 공 이어받기

- 몇 명이 해? 8명 이상이고, 짝수여야 해.
- 뭐가 있어야 해? 공 2개
- 어떻게 놀아?

아이들 수가 똑같게 두 편으로 나눈 다음, 양편은 각각 한 줄로 서는 거야. 각 줄의 맨 앞에 선 두 아이가 공을 하나씩 손에 들면 준비 끝!
시작 신호에 따라 맨 앞에 선 아이가 자기 다리 사이로 뒤에 선 아이에게 공을 보내. 두 번째 아이도 똑같은 방법으로 뒤에 선 아이에게 공을 보내고, 그렇게 공이 맨 끝에 선 아이에게 갈 때까지 계속하는 거야. 맨 끝에 선 아이는 공을 받으면 자기 줄 맨 앞으로 뛰어가 제 다리 사이로 공을 뒤의 아이에게 줘야 해. 처음에 맨 앞에 섰던 아이가 다시 맨 앞으로 올 때까지 하는데, 이 과정을 먼저 마친 편이 이기는 거지.

모로코

모로코는 아프리카 대륙 북서부에 위치한 나라예요. 모로코에는 아틀라스 산맥과 더불어 세계에서 가장 넓은 사하라 사막도 일부 걸쳐 있습니다. 모로코의 수도는 라바트입니다. 그곳에는 모로코의 왕이 산답니다. 도시에는 아랍어로 '수크'라고 불리는, 차양이 달린 시장이 있어요. 그곳에서 상인들이 물건을 팔지요. 밀가루를 끓는 물에 넣어 만든 좁쌀 모양의 쿠스쿠스는 모로코의 대표 음식이에요. 아이들은 쿠스쿠스에 건포도와 아몬드, 계핏가루, 꿀을 섞어 먹는 것을 무척 좋아한답니다. 여기에 페퍼민트 차를 곁들여 마셔요.

암탉과 애벌레

- **몇 명이 해?** 5명 이상
- **뭐가 있어야 해?** 아무것도 필요 없어.
- **어떻게 놀아?**

한 사람이 암탉 역할을 하고, 다른 아이들은 한 줄로 서서 어깨를 잡고 애벌레가 되는 거야. 암탉이 배가 고파 애벌레를 잡아먹으려고 해. 애벌레의 꼬리, 그러니까 마지막 아이를 잡아서 애벌레의 몸에서 떼어 내야 해. 애벌레는 어떡하든 암탉을 피해 꼬리가 끊어지지 않게 하는 거야. 애벌레의 꼬리가 끊어지면 그 아이는 놀이에서 빠져. 허리가 끊어지면 끊어진 아이부터 그 뒤의 아이까지 모두 빠져야 해. 애벌레 머리만 남으면 놀이는 끝이 나. 그러면 암탉이 애벌레의 머리가 되고 다른 아이가 암탉이 되어 새로 놀이를 시작하는 거야.

레소토

레소토는 아프리카 대륙의 남쪽에 있어요. 이 나라는 남아프리카 공화국에 둘러싸여 있답니다. 주민들은 바소토족으로만 이루어져 있습니다. 레소토에는 아프리카 남부에서 가장 높은 산인 타바나은틀레니아나 산이 있어요.

아이들은 일반 학교에도 다니고 부족 학교에도 다닙니다. 아이들은 부족 학교에서 자기네 전통과 관습을 비롯해 아프리카의 동식물에 대해 배운답니다. 아이들은 '내 소가 잘 있나?'라는 놀이를 좋아해요. 이 놀이는 기억력을 높여서 인기가 많아요. 레소토 말로 '디트와이'라고 합니다.

내 소가 잘 있나?

- **몇 명이 해?** 2~8명
- **뭐가 있어야 해?** 모래와 돌
- **어떻게 놀아?**

각자 모래로 작고 네모난 우리를 만든 다음, 그 속에 돌 10개를 놓아. 돌이 바로 '소'란다. 모두 자기 돌의 모양과 색깔을 자세히 보면서 어떻게 생겼는지 기억해 두어야 해.

가장 어린 아이가 술래가 되어 놀이를 시작해. 처음에 술래는 "내 소가 잘 있나?"라고 말해. 그러면 다른 아이들은 "그럼 잘 봐!"라고 대답하는 거야.

그러고 나서 술래가 눈을 감으면, 다른 아이들이 술래의 우리에서 각각 소(돌) 한 마리를 꺼내 자신의 우리에 놓지. 술래는 눈을 뜨고 다른 아이의 우리에서 자기 소를 찾아야 해. 찾아내면 소를 돌려받지만, 못 찾으면 소를 잃어. 차례로 돌아가며 술래를 해서 마지막까지 소를 가지고 있는 사람이 이기는 거야. 미리 몇 판을 할지 정했다면 그 횟수만큼 놀이를 한 다음 소를 가장 많이 가진 사람이 이기는 거고.

터키

터키는 나라 땅이 일부는 유럽에, 일부는 아시아에 걸쳐 있습니다. 터키 사람들은 대부분 이슬람교를 믿는데, '모스크'라고 부르는 이슬람교의 사원에서 기도해요. 터키에서 아이들은 특별한 대우를 받아요. 어른들은 아이들이 행복하게 자라도록 최선을 다해요. 터키에서는 어린이날이 4월 23일인데, 축제도 열어요. 전 세계 아이들을 초대해 터키 아이들과 함께 잔치를 벌입니다. 이날은 학교 수업도 없고, 아이들은 하루 종일 마음대로 놀아요. 터키 국기의 빨간색과 하얀색을 본떠 만든 축제 옷을 입기도 합니다.

돌 다섯 개

- 🔵 **몇 명이 해?**
여럿이어도 좋고, 혼자서 놀아도 돼!

- 🟢 **뭐가 있어야 해?** 작고 둥근 돌 5개

- 🟣 **어떻게 놀아?**
이 놀이는 7단계까지 있는데, 한 단계를 끝내야 다음 단계로 넘어갈 수 있어. 처음 4단계까지는 돌 5개를 바닥에 놓고 시작해.

1. 돌 1개를 공중에 던지고(a), 그 사이에 바닥에서 돌 1개를 집은 다음(b), 공중에서 떨어지는 돌을 다시 잡아(c).

2. 돌 1개를 공중에 던지고, 바닥에 있는 돌 2개를 집은 다음 떨어지는 돌을 다시 받아.

3. 돌 1개를 공중에 던지고, 바닥에 있는 돌 3개를 집은 다음 떨어지는 돌을 다시 받아.

4. 돌 1개를 공중에 던지고(a), 바닥에 있는 돌 4개를 집은 다음(b), 던진 돌을 다시 받아(c).

5. 돌을 모두 손에 쥐고(a), 돌 1개를 던진 다음(b), 나머지 돌 4개를 바닥에 놓고(c), 던진 돌을 재빨리 다시 받아(d).

7. 처음에는 돌 1개를 공중에 던지고 손등으로 돌을 받아. 다음에는 2개(a), 다음엔 3개, 그다음엔 4개, 마지막으로 5개 모두를 공중에 던지고(b), 손등으로 돌을 받아(a-1, b-1).

6. 먼저 돌 5개를 바닥에 던져(a). 엄지손가락과 집게손가락으로 대문 모양을 만든 다음, 다른 손의 집게손가락으로 돌들을 대문으로 튕겨 넣어(b). 돌들은 딱 한 번씩만 튕겨 넣을 수 있어.

독일

독일은 유럽 대륙의 한가운데에 있어요. 그래서 이웃한 나라가 9개나 돼요. 유럽에서 가장 많은 나라와 국경을 마주하고 있는 나라랍니다. 북쪽으로는 북해·발트 해와 닿아 있고, 남쪽에는 알프스 산맥이 솟아 있어요.
북해에는 작은 섬들이 무리 지어 있는데, 밀물이 들어오면 물에 잠깁니다. 섬에는 사람들이 그다지 많이 살지 않습니다. 그러니 학생들도 적지요. 학생이 서너 명뿐인 곳도 있어서, 모두 한 교실에 모여 선생님 한 분과 수업을 한답니다.

도둑과 경찰

- **몇 명이 해?** 4명 이상
- **뭐가 있어야 해?** 분필이나 끈
- **어떻게 놀아?**

아이들을 도둑과 경찰 두 편으로 나눠. 양편의 사람 수는 똑같지 않아도 되지만, 도둑은 적어도 2명이 있어야 해. 이제 어디에서 놀이를 할지 장소를 확실히 정하고 놀이를 시작해. 놀이 장소는 숨을 데가 많은 곳이 좋아. 놀이 장소 한가운데에 분필로 원을 그리거나 끈을 둥글게 돌려 놓아서 감옥도 만들어.

놀이가 시작되면 경찰들은 10까지 세. 도둑들은 그 사이 도망쳐서 숨어야 해. 경찰들이 10까지 다 세고 나면 도둑을 찾아서 잡는 거야. 도둑의 몸에 경찰의 손이 닿으면 잡힌 거지. 잡힌 도둑은 다른 도둑이 풀어 줄 때까지 감옥에 갇혀 있어야 해. 다른 도둑이 감옥에 갇힌 도둑을 손으로 치면 도둑은 감옥에서 도망쳐 다시 숨을 수 있어. 그러니 도둑이 도망가지 못하도록 경찰이 감옥을 잘 지켜야 해. 경찰은 감옥인 원 안으로 들어갈 수 없지만, 아직 잡히지 않은 도둑은 원 안에 들어갈 수 있어. 도둑이 모두 잡히면 놀이가 끝나고, 역할을 바꿔 새로 놀이를 시작해.

핀란드

핀란드에는 호수가 6만 개 넘게 있고 숲도 많아요. 핀란드는 유럽 대륙의 북쪽 끝에 있어서 겨울에는 밝은 낮이 몇 시간밖에 안 됩니다. 반대로 여름에는 겨우 몇 시간 동안만 어둡답니다. 핀란드의 북쪽에는 순록이 많아요. 핀란드 사람들은 가족이 아주 단출해요. 아이가 하나이거나 둘인 집이 대부분입니다. 거의 모든 유치원이 24시간 문을 열어요. 학교에서는 1학년부터 9학년까지의 아이들이 함께 수업을 받습니다. 핀란드 아이들에게 가장 인기 있는 놀이는 '계단에서 잡기'인데 핀란드 말로 '포라시파'라고 해요.

계단에서 잡기

- **몇 명이 해?** 2명 이상
- **뭐가 있어야 해?** 계단만 있으면 돼.
- **어떻게 놀아?**

먼저 술래를 정해. 술래는 계단 아무데나 서도 되지만, 다른 아이들은 계단 맨 위에 서 있어야 해. 술래를 뺀 모든 아이들이 계단 맨 위에서 계단 맨 아래로 내려가는 거야.

이때 술래와 같은 계단에 서면 안 돼. 그러면 술래에게 잡혀서 그 사람이 술래가 되어 다음 판이 시작되는 거야. 가장 먼저 계단 맨 아래로 내려가는 사람이 이 놀이의 승자야. 술래는 계단을 마음대로 오르내리며 아이들을 잡을 수 있어. 다만, 계단 맨 위와 맨 아래는 쉬는 곳이어서 술래와 같이 서 있어도 잡히지 않아. 참, 이 놀이는 계단을 내려갈 때 넘어져 다칠 수 있으니 조심해야 해!

이탈리아

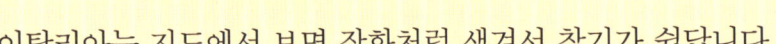

이탈리아는 지도에서 보면 장화처럼 생겨서 찾기가 쉽답니다.

이탈리아는 남부 유럽, 지중해 연안에 위치해 있습니다. 북쪽에는 드넓은 알프스 산맥이 있고, 남쪽에는 지중해에서 가장 큰 섬인 시칠리아가 있어요. 이탈리아의 수도는 로마입니다. 역사가 깊고 볼거리가 엄청나게 많은 도시입니다.

이탈리아 사람들에게 가족은 매우 소중해요. 여러 세대가 한지붕 아래 사는 집도 많고, 식구들끼리 서로 도와 가며 아이들을 키웁니다. 하루에 한 번은 온 식구가 함께 모여 식사를 하지요. 음식은 가족 사이에서 특별하고 중요한 역할을 해요. 음식을 푸짐하게 차려 놓고, 떠들썩하게 웃고 이야기를 나누면서 식사를 합니다.

공 받기 열세 고개

- **몇 명이 해?** 2명 이상
- **뭐가 있어야 해?** 공과 벽
- **어떻게 놀아?**

벽 앞에 모두 서서 누가 먼저 놀이를 시작할지 정해. 이 놀이는 모두 13단계까지 있어. 맨 처음 하는 아이는 1단계에서 공을 던져 벽에 부딪혀 돌아오는 공을 잡아. 2단계부터는 제자리에 서서 단계별로 공을 던져 올리고 다양한 자세를 한 다음에 내려오는 공을 받는 거야.

실수를 할 때까지 단계별로 계속하고, 실수를 하면 다음 아이가 차례를 넘겨받지. 그렇게 해서 자기 차례가 다시 돌아오면 먼젓번에 실수한 단계부터 이어서 해. 다시 실수를 할 때까지 계속하고, 가장 먼저 13단계를 마친 사람이 이기는 거야.

자, 이제 공을 벽에 던져 봐!

2. 움직이지 말고 그 자리에 가만히 서서 공을 받아.

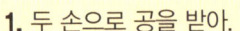
1. 두 손으로 공을 받아.

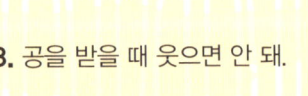
3. 공을 받을 때 웃으면 안 돼.

4. 한 발로 서서 공을 받아.

5. 손뼉을 두 번 치고 공을 받아.

6. 한 손으로 공을 받아.

7. 가슴 앞에서 손뼉을 한 번 치고, 손을 등 뒤로 돌려 또 한 번 손뼉을 친 다음, 공을 받아.

8. 팔을 꽈배기 모양으로 꼬아서 두 손을 맞잡은 뒤 공을 받아.

9. 같이 놀이하는 아이들 한 명 한 명에게 손으로 키스를 날린 뒤 공을 받아.

10. 손으로 넓적다리를 한 번 치고 공을 받아.

11. 두 손으로 팔짱을 꼈다가 풀고 공을 받아.

12. 한 손으로 땅을 짚고 나서 공을 받아.

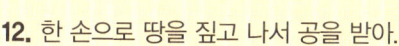

13. 제자리에서 한 바퀴 돌고 공을 받아.

영국

영국은 잉글랜드, 웨일스, 스코틀랜드, 북아일랜드 이렇게 4개의 지방으로 이루어져 있습니다. 수도는 런던이에요. 영국 여왕인 엘리자베스 2세는 런던의 버킹엄 궁전에서 산답니다. 영국을 대표하는 음식은 피시 앤드 칩스인데, 식초로 맛을 낸 생선과 감자튀김 요리입니다. 영국을 얘기할 때 빼놓을 수 없는 게 날씨예요. 비가 정말 자주 오거든요.

아이들은 만 다섯 살에 학교에 갑니다. 오후까지 수업을 하며, 다 함께 모여 점심을 먹어요. 학교마다 교복이 있어서 교복을 보면 어느 학교에 다니는지 알 수 있답니다.

감자 들고 달리기

- 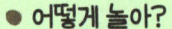 **몇 명이 해?** 2명 이상
- **뭐가 있어야 해?** 한 사람당 감자 10개와 양동이 1개, 분필
- **어떻게 놀아?**

먼저 분필로 땅바닥에 출발선을 그려야 해. 이 선에 맞춰 각자 자신의 양동이를 놓는 거야. 그런 다음 양동이 앞쪽에 감자를 나란히 한 줄로 놓아. 감자 사이의 간격은 1미터쯤이면 돼. 자신의 양동이 옆에 선 다음 "준비, 시작!" 하면 각자 첫 번째 감자로 달려가 감자를 집은 뒤 출발선으로 돌아와 양동이에 넣어. 이어서 두 번째 감자로 달려가서 감자를 집어 양동이에 넣어. 이렇게 똑같은 방식으로 계속하는데, 가장 먼저 마지막 감자를 양동이에 넣는 사람이 이기는 거지.

인도

인도는 10억이 넘는 사람들이 사는 나라입니다. 인도 사람들은 거의 농사를 짓고 살아요. 수도는 뉴델리입니다. 인도에는 코끼리, 코뿔소, 사자, 호랑이, 표범 같은 다양한 동물이 살아요. 인도에서는 전기를 사용하는 사람들이 전체 인구의 절반 정도밖에 안 됩니다. 그래서 아이들 대부분은 전깃불이 없는 집에서 삽니다. 물론 텔레비전과 컴퓨터도 없이 살지요. 아이들은 주로 거리에서 놀아요. 가족의 생계를 위해 일을 해야 할 때도 많습니다.

사방치기

- **몇 명이 해?** 2명 이상
- **뭐가 있어야 해?** 분필, 돌
- **어떻게 놀아?**

분필로 땅바닥에 세로 길이가 2미터 이상 되는 직사각형을 크게 그려 봐. 그리고 세로로 이등분, 가로로 삼등분해서 칸을 6개 만드는 거야. 그런 다음 각자 작은 돌을 1개씩 준비해.

가장 어린 아이부터 첫 번째 판을 시작해. 먼저 돌을 왼쪽 첫 번째 칸에 던져. 깨금발로 뛰어서 첫 번째 칸으로 들어가 돌을 왼쪽 두 번째 칸으로 찬 다음, 계속 깨금발로 그 칸으로 들어가. 이어서 돌을 왼쪽 세 번째 칸으로 차고 그 칸으로 들어가. 다음에는 돌을 옆 칸, 그러니까 오른쪽 맨 뒤 칸으로 차는 거야. 깨금발로 그 칸으로 들어가 앞을 보고 선 다음 똑같은 방법으로 계속 돌을 앞으로 차서 이동해. 마지막 칸에서는 들고 있는 한쪽 발이나 다른 손을 땅에 대지 않고 한 손으로 돌을 집어야 해.

두 번째 판은 두 번째 칸에서 시작해. 돌을 두 번째 칸으로 던지고 첫 번째 칸을 깨금발로 뛰어넘은 다음에 첫 번째 판에서 했던 대로 하면 돼. 세 번째 판에서는 돌을 세 번째 칸에 던지고 처음 두 칸을 깨금발로 뛰어넘어. 이어서 앞과 같은 방법으로 하는 거야. 마지막 칸에는 돌을 차 넣지 않고 돌을 주워 던져 넣고, 마지막 칸으로 들어간 다음 돌을 밖으로 차 내야 해.

실수로 들고 있던 발을 땅에 대거나, 돌을 다음 칸으로 차 넣지 못했을 때에는 다음 사람 차례가 돼. 자기 차례가 다시 돌아왔을 땐 실수를 했던 판에서 다시 시작해. 가장 먼저 세 번째 판까지 다 마친 사람이 이기는 거야.

일본

일본에는 봄에 벚꽃 축제가 열릴 만큼 벚나무가 많습니다. 일본은 바다로 둘러싸인 섬나라이면서 산도 많아요. 태풍이나 지진, 화산 폭발 같은 크나큰 자연재해가 자주 일어나기도 합니다.

일본 아이들은 학교에서 좋은 점수를 받기 위해 아주 열심히 공부해요. 아이들은 대부분 유치원에 다닐 때쯤이면 글자를 쓸 줄 안답니다.

일본 문화에서 예의범절은 매우 중요해서 아이들은 어렸을 때부터 젓가락으로 먹는 법과 예의 바른 자세를 배웁니다.

다루마 씨가 넘어졌다!

- **몇 명이 해?** 6명 이상
- **뭐가 있어야 해?** 아무것도 필요 없어.
- **어떻게 놀아?**

술래 한 명을 뽑아. 이 놀이에서는 술래가 벽을 보고 서고, 다른 아이들은 술래에게서 열두 걸음 정도 떨어져 한 줄로 서.

술래가 벽을 보고 선 채로 "다루마 씨가 넘어졌다!"라고 말하면, 그동안 다른 아이들은 얼른 벽 쪽으로 달려가. 술래는 그 말을 끝내자마자 뒤를 돌아보는 거야. 그때 아이들은 꼼짝 말고 서 있어야 해. 움직이다가 술래에게 들키면 붙잡혀 술래 옆에 서 있어야 하지.

술래가 다시 벽 쪽으로 돌아서서 위의 말을 반복하면 아이들은 서 있던 자리에서 다시 앞으로 나아가. 놀이를 할수록 술래 옆에는 움직이다 잡힌 아이들이 늘어나지. 아직 잡히지 않은 아이는 잡힌 아이들을 풀어 줄 수 있어. 술래가 벽을 보고 서 있을 때 잡힌 아이들을 재빨리 손으로 치면서 "끊었다!"라고 소리치면 돼.

잡힌 아이들이 도망가면 술래는 얼른 10까지 세어야 해. 그동안 풀려난 아이들과 아직 잡히지 않은 아이들은 벽으로부터 멀리 도망가는 거지. 술래가 10까지 세고 "멈춰!" 하면 모두 그 자리에 우뚝 서야 해. 이제 술래는 다섯 걸음을 크게 걸어서 아이들을 잡을 수 있어. 잡힌 아이는 새로운 술래가 되는 거야.

중국

세계에서 인구가 가장 많은 나라가 중국입니다. 중국의 수도는 베이징이에요. 중국에는 판다와 같은 희귀 동물이 많아요. 하지만 판다 수가 점점 줄어서 사라질 위기에 놓였습니다. 중국의 글자인 '한자'는 무척 복잡해서, 기본 글자만 익히는 데에도 아주 오랜 시간이 걸린답니다. 중국에서 가장 유명한 건축물은 중국 북쪽을 길게 가로지르는 만리장성이에요. 여기에 소개한 놀이 이름도 거기서 땄습니다. 중국 부모는 아이들을 가르치는 데 열심입니다. 아이들은 학교 수업을 마치면 영어, 악기, 운동을 가르치는 학원에 갑니다. 수업이 끝날 때쯤이면 학교 앞에 자동차, 오토바이, 자전거가 몰려들어 북새통을 이룹니다. 아이들을 데리러 온 부모나 할아버지, 할머니가 타고 온 것이지요.

만리장성

- 몇 명이 해? 10명 정도
- 뭐가 있어야 해? 분필
- 어떻게 놀아?

바닥에 분필로 가로 5미터, 세로 3미터 정도 되는 사각형 놀이판을 그리고, 다시 반으로 나눠. 술래를 정한 다음 술래가 가운데를 가로지른 선 중심에 서고, 다른 아이들은 놀이판의 한쪽에 서는 거야. 이 가운데 선이 만리장성이야.
이제 모두 놀이판의 한쪽에서 다른 쪽으로 넘어가야 해. 만리장성을 넘어 반대쪽으로 넘어가는 거지. 술래는 만리장성에 서서 넘어오는 아이들을 잡는데, 그어 놓은 선을 따라서만 움직일 수 있어. 잡힌 아이들은 만리장성에 서서 술래와 함께 만리장성을 넘으려는 아이들을 잡는 거야. 가장 마지막으로 잡힌 아이가 술래가 되어 놀이를 새로 시작하면 돼.

아프가니스탄

아프가니스탄은 세계에서 가장 가난한 나라 중 하나입니다. 게다가 지난 몇 년간 끊임없이 전쟁이 이어졌어요. 국민의 대다수는 가축 떼를 기르는 유목민입니다. 아프가니스탄에는 넓은 사막 지역이 많아요. 기온은 아주 높은 편인데, 여름과 겨울의 기온 차가 심해 겨울엔 무척 춥답니다.

예전에 아프가니스탄에서는 여자아이들이 학교에 갈 수 없었어요. 남자아이들과 똑같이 대우받지 못했기 때문이지요. 오늘날에는 여자아이들도 여학교에 갈 수 있습니다. 하지만 실제로 학교에 가는 아이들은 아주 적답니다. 사람들은 너나없이 가난하고, 학교 건물은 전쟁으로 거의 부서졌기 때문이에요.

6 대신 5

- **몇 명이 해?** 3명 이상인데, 많을수록 좋아.
- **뭐가 있어야 해?** 아무것도 필요 없어.
- **어떻게 놀아?**

먼저 리더를 뽑아. 리더는 아이들에게 각각 1에서 12까지의 숫자를 하나씩 정해 줘. 숫자는 순서대로 정하는 것이 아니라 1~12 중 아무 숫자나 정해. 아이들은 리더가 정해 준 숫자를 잘 기억해야 해.

'6 대신 5'라는 이름의 이 놀이는 아프가니스탄 말로 '셰시 나 판즈'라고 해. 리더가 숫자를 하나 부르면 그 숫자에 해당하는 아이는 얼른 나머지 아이가 가진 다른 숫자를 불러야 해. 아이들이 다섯까지 셀 동안 불러야 하는데, 이때 없는 숫자를 부르거나 다섯까지 셀 동안 못 부르면 놀이에서 빠지는 거야. 가장 마지막까지 남는 아이가 이기는 거지.

캐나다

캐나다는 국토가 세계에서 두 번째로 넓은 나라입니다. 가장 넓은 나라는 러시아예요. 캐나다에는 울창한 숲이 많아요. 숲에는 곰, 늑대, 고라니가 삽니다. 언어는 프랑스어와 영어를 써요. 캐나다에서 가장 이름난 볼거리는 나이아가라 폭포예요. 나이아가라는 그곳 원주민 말로 '천둥 소리를 내는 물'이라는 뜻이래요.

캐나다 북쪽 지방은 몹시 춥습니다. 이곳에 사는 이누이트족은 추위를 잘 견딥니다. 무척 외진 곳이지만, 집집마다 컴퓨터와 텔레비전이 있고 아이들은 학교에 갑니다. 학교에서 아이들은 자기네 언어와 함께 영어나 프랑스어로 하는 수업을 들어요. 하지만 여전히 선조들이 해 왔던 방식대로 살면서 사냥을 하거나 고기잡이를 하는 사람들도 있답니다.

네 개의 사각형

- 몇 명이 해? 4명 이상
- 뭐가 있어야 해? 분필, 공
- 어떻게 놀아?

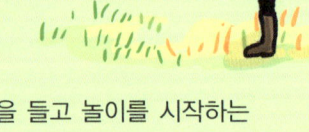

땅바닥에 가로세로 2미터 정도 되는 커다란 사각형을 그린 다음 넷으로 똑같이 나누면 4개의 사각형이 생기지? 아이들 넷을 뽑은 다음, 4개의 사각형 안에 한 아이씩 들어가.

넷 중 한 아이가 공을 들고 놀이를 시작하는 거야.

공을 든 아이는 자기가 서 있는 사각형 안에서 공을 땅바닥에 한 번 튕겨 올리고 손으로 쳐서 다른 사각형 중 한 곳으로 보내. 공은 반드시 땅바닥에 맞고 튀어 올라야 해. 다른 사각형 안에 있는 아이는 공을 받아 같은 방식으로 또 다른 사각형으로 쳐서 보내. 공이 사각형 바닥에서 두 번 이상 튕겨지거나, 사각형 밖으로 튀어 나가거나, 실수로 공을 치지 못하면 그 아이는 놀이에서 빠지고 다른 아이가 대신 들어오는 거야. 딱 넷이 놀이를 할 때에는 놀이에서 빠질 수 없으니까 벌점을 받고 놀이를 계속해.

미국

미국은 50개 주로 이루어진 나라입니다. 수도는 워싱턴입니다. 미국도 땅이 아주 넓습니다. 서쪽으로는 태평양, 동쪽으로는 대서양과 맞닿아 있지요. 그 사이에 산과 숲, 사막, 호수, 그리고 수많은 도시들이 있습니다. 미국 땅에 처음부터 살았던 사람들은 북아메리카 원주민입니다. 여기에 소개한 놀이는 북아메리카 원주민 부족 중 하나인 샤이엔족의 놀이에서 유래한 거예요.

미국에서는 아이들이 노란색 스쿨버스를 타고 학교에 갑니다. 수업이 끝난 뒤에는 스포츠 활동을 많이 합니다. 인기 있는 스포츠는 풋볼, 농구, 야구입니다.

풍선을 띄워라!

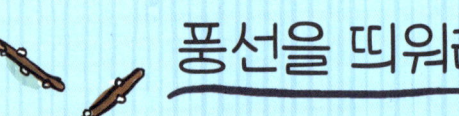
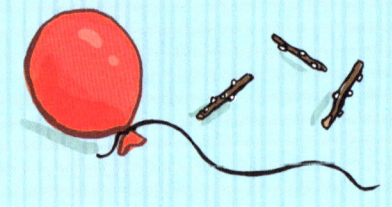

- **몇 명이 해?** 2명 이상
- **뭐가 있어야 해?** 과자, 분필, 풍선, 그릇 3개
- **어떻게 놀아?**

바닥에 분필로 가로세로 2미터 크기의 놀이판을 그려. 놀이판 한가운데에 풍선을 불어서 놓고, 그 옆에 과자 담은 그릇을 놓아. 아이들을 두 편으로 가르고, 각 편에 빈 그릇을 하나씩 줘서 놀이판 바깥에 놓게 해. 그러고 나서 어느 편이 먼저 시작할지 정하는 거야.

한 편의 첫 번째 주자는 풍선을 발로 차서 위로 띄우고 풍선이 땅바닥에 떨어지지 않게 계속 발로 차올려야 해. 이때 같은 발로만 풍선을 찰 수 있어. 다른 아이들은 주자가 풍선을 몇 번이나 차올리는지 세는 거야. 풍선이 땅바닥에 닿거나 놀이판 밖으로 떨어지거나, 과자 그릇을 엎으면 멈춰야 해. 주자는 풍선을 차올린 횟수만큼 과자 그릇에서 과자를 가져다 자기 편 그릇에 넣어. 그다음은 다른 편 차례야. 이렇게 두 편이 번갈아 가며 놀이를 하는 거야. 과자를 담은 그릇이 비면 각각 자기 편 그릇에 담긴 과자 수를 세어서 과자가 더 많은 편이 이기는 거야.

칠레

칠레는 지도에서 보면 기다란 끈처럼 생겼어요. 칠레는 남아메리카 대륙 서쪽 해안에 있습니다. 칠레는 남아메리카 원주민 케추아족 말인 '칠리'에서 나온 이름입니다. 칠리는 '세상의 끝'이라는 뜻이래요. 칠레 북쪽에는 세계에서 가장 건조한 아타카마 사막이 있어요.

칠레 문화에서 가족은 매우 중요합니다. 할아버지, 할머니, 삼촌, 고모, 이모, 사촌 등 많은 사람들이 대가족을 이루고 삽니다. 부잣집에서는 함께 살면서 요리하고 청소하고 빨래하고 아이들을 돌보는 사람까지 가족으로 여기지요.

차단기가 열렸니?

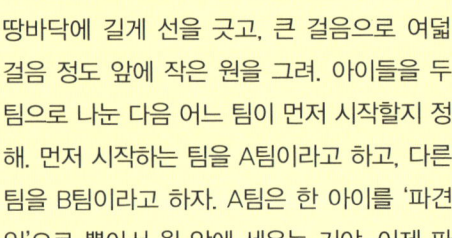

- **몇 명이 해?** 8명 이상
- **뭐가 있어야 해?** 분필
- **어떻게 놀아?**

땅바닥에 길게 선을 긋고, 큰 걸음으로 여덟 걸음 정도 앞에 작은 원을 그려. 아이들을 두 팀으로 나눈 다음 어느 팀이 먼저 시작할지 정해. 먼저 시작하는 팀을 A팀이라고 하고, 다른 팀을 B팀이라고 하자. A팀은 한 아이를 '파견인'으로 뽑아서 원 안에 세우는 거야. 이제 파견인을 뺀 두 팀 아이들은 모두 선 밖에 서서 각 팀의 첫 공격자를 정해야 해.

B팀 아이들이 "차단기가 열렸니?"라고 소리치면 파견인은 "열렸다!"라고 대답해. 그러면 선 앞에 서 있던 두 팀의 공격자가 달려 나가. B팀 공격자는 원 안의 A팀 파견인을 손으로 쳐서 포로로 잡아야 해. A팀의 공격자는 B팀의 공격자가 자기네 파견인을 손으로 치기 전에 그 공격자를 손으로 쳐서 잡아야 하지. B팀의 공격자가 파견인을 손으로 치면, 파견인은 B팀의 포로가 돼. 그 전에 A팀의 공격자가 B팀의 공격자를 잡으면 B팀의 공격자는 A팀의 포로가 되는 거야.

파견인이 포로가 되면 이제 B팀이 자기네 파견인을 뽑고 서로 역할을 바꿔 놀이를 계속 하면 돼. 파견인은 포로가 될 때까지 원 안을 벗어나면 안 돼. 상대편에게 다 잡힌 팀이 놀이에서 지는 거야.

콜롬비아

'콜롬비아'라는 나라 이름은 아메리카 대륙을 발견한 이탈리아 탐험가 크리스토퍼 콜럼버스의 이름에서 따왔다고 합니다. 그렇지만 콜럼버스는 한 번도 콜롬비아에 간 적이 없어요. 콜롬비아는 커피로 유명하고, 값비싼 초록색 보석인 에메랄드가 많이 납니다. 콜롬비아에는 거리에서 사는 아이들이 많아요. 부모를 잃었거나, 버림을 받았거나, 폭력을 피해 집에서 도망친 아이들이지요. 이 아이들의 삶은 하루하루가 전쟁입니다. 아이들 대부분이 길에서 잠을 잡니다. 구두를 닦거나, 구걸을 하거나, 헌 옷이나 빈 병을 주워다 팔아서 먹을 것을 사지요.

강낭콩 던지기

- **몇 명이 해?** 2명
- **뭐가 있어야 해?** 강낭콩이나 구슬 14개, 모래
- **어떻게 놀아?**

두 사람이 강낭콩 또는 구슬을 각각 7개씩 나눠 가져. 모래를 주먹 하나 들어갈 정도로 오목하게 판 다음, 그곳에서 큰 걸음으로 세 걸음 뒤에 선을 그어.

둘이 번갈아 가며 강낭콩을 한 번에 한 개씩 오목한 모래 구덩이에 던지는 거야. 강낭콩이 구덩이에 들어가면 다시 가져올 수 있는데, 구덩이 밖에 떨어지면 그대로 둬야 해. 둘 다 강낭콩을 7번 던지고 나서 각자 몇 개가 모래 구덩이에 들어갔는지 세어 봐. 손에 든 강낭콩을 세어 보면 금방 알 수 있지. 더 많이 가진 사람이 다음 판에서 먼저 시작해.

다음 판은 두 사람이 번갈아 가며 모래 구덩이 밖에 있는 강낭콩을 그 자리에서 집게손가락으로 튕겨서 구덩이 안으로 넣는 거야. 이번에도 강낭콩이 구덩이에 들어가면 다시 가져올 수 있어. 모래 구덩이 밖에 강낭콩이 하나도 남아 있지 않으면 놀이가 끝나. 강낭콩을 더 많이 가진 사람이 이기는 거지.

파라과이

파라과이는 남아메리카 대륙 한가운데에 있는 작은 나라입니다. 수도는 아순시온이에요. '파라과이'라는 나라 이름은 이곳 원주민 말로 '위대한 강으로부터'라는 뜻이래요. 여기서 위대한 강이란 이 나라의 북쪽에서 남쪽까지 흐르는 파라나 강을 가리킵니다. 파라과이는 육지로 둘러싸여서 이곳 사람들은 바다를 쉽게 볼 수 없어요.

파라과이는 아주 가난한 나라예요. 아이들은 대부분 농장에서 일하는 부모님을 돕거나 동생들을 돌봐야 해서 학교를 일찍 그만둡니다. 가족을 위해 조금이나마 돈을 벌려고 창문을 닦거나 남의 집에서 일하는 아이들도 있어요.

거미와 파리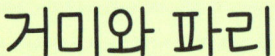

- **몇 명이 해?** 10명 이상
- **뭐가 있어야 해?** 아무것도 필요 없어.
- **어떻게 놀아?**

두 사람을 뽑아 한 명은 거미, 한 명은 파리로 정해. 아이들이 둥글게 원을 그리고 선 다음 원 한가운데에는 파리를, 원 밖에는 거미를 세우는 거야.

거미는 파리를 잡아야 해. 원을 따라 빙 둘러 선 아이들은 거미를 절대로 원 안으로 들여보내면 안 돼. 하지만 거미는 지휘권을 가지고 있어서 아이들에게 명령을 내릴 수 있어. 거미가 "제자리에서 한 바퀴 돌아!", "한쪽 다리로만 서 있어!", "손을 올려!" 같은 명령을 내리면 아이들은 거기에 따라야 해. 거미가 그 틈을 타서 재빨리 원 안으로 들어가 파리를 잡으면, 파리는 거미가 되어 원 밖으로 나가고 새로 파리를 정하는 거지.

브라질

브라질은 남아메리카 대륙에서 가장 큰 나라입니다. 브라질에는 아마존이라는 큰 강이 있고, 어마어마하게 넓은 열대 우림도 있어요. 브라질의 항구 도시 리우데자네이루에서 열리는 카니발 축제는 세계적으로 유명합니다. 카니발 축제 때는 누구나 눈부시게 화려한 옷을 입고 삼바를 춥니다. 삼바는 브라질의 흑인계 주민들이 추던 춤으로 매우 빠르고 신이 나요.

축구는 브라질에서 가장 사랑받는 스포츠입니다. 펠레나 네이마르 같은 뛰어난 선수들이 브라질에서 많이 나오지요. 그래서 많은 아이들의 꿈이 축구 선수가 되는 거랍니다. 아이들은 꿈을 이루기 위해 틈만 나면 축구를 합니다.

동전 맞히기

- **몇 명이 해?** 2명 이상
- **뭐가 있어야 해?**
  굵은 막대기, 부드러운 흙이나 모래, 동전 2개
- **어떻게 놀아?**

막대기를 모래에 꽂고, 막대기 주변에 지름 50센티미터 정도의 원을 그려 봐. 원에서 세 걸음 떨어진 곳에 선을 긋고, 동전 한 개를 원 안의 막대기 꼭대기에 올려놓아. 차례를 정하고, 첫 번째 사람이 나머지 동전 하나를 들고 선 뒤에 서서 손에 든 동전으로 막대기에 올려놓은 동전을 맞히는 거야.

동전이 원 밖으로 떨어져야 성공! 성공하면 동전을 다시 막대기에 올려놓고 한 번 더 할 수 있어. 성공할 때마다 1점을 받지. 동전을 맞히지 못하거나 맞힌 동전이 원 안으로 떨어지면 다음 사람 차례야. 먼저 5점을 얻으면 이기는 거지.

오스트레일리아

오스트레일리아는 국가이자 대륙입니다. 오스트레일리아에는 캥거루나 코알라같이 그곳에서만 자라는 희귀 동물이 많답니다. 들판에서 뛰노는 수많은 양 떼로도 유명하지요. 오스트레일리아의 원주민은 '애버리진'이라 불립니다. 여기에 소개된 놀이는 애버리진 아이들이 하던 놀이예요.
오스트레일리아는 땅덩어리가 아주 넓은 나라이지만 사람은 적어요. 사람들이 도시와 학교에서 멀리 떨어진 숲에서 띄엄띄엄 삽니다. 나라에서는 외딴곳에 사는 아이들을 위해 무선 방송과 인터넷으로 교육을 해요.

코코넛은 어디에?

- **몇 명이 해?** 8명 이상
- **뭐가 있어야 해?** 코코넛 10개. 코코넛 대신 공이나 둥글게 뭉친 천, 감자같이 던질 수 있는 것은 무엇이든 좋아.
- **어떻게 놀아?**

아이들을 두 편으로 나누고, 코코넛도 5개씩 나눠. 양쪽의 아이들 수는 같아야 해. 아이들 수가 홀수라면, 한 아이가 심판을 맡으면 돼. 양편은 각각 둥글게 원을 그려 서는데, 아이들끼리는 서로 큰 걸음으로 두 걸음씩 떨어져 있어야 해.

그다음, 두 편은 각각 첫 주자를 정해서 코코넛 5개를 첫 주자 옆 바닥에 놓이.
시작 신호에 따라 두 편이 동시에 놀이를 시작하는 거야. 첫 주자가 코코넛을 들어 자기 왼쪽에 있는 아이에게 던지면, 그 아이는 코코넛을 받아 바닥에 놓지. 첫 주자는 두 번째 코코넛을 들어 다시 왼쪽에 있는 아이에게 던져. 이렇게 코코넛 5개를 모두 두 번째 주자에게 던져 주는 거야. 두 번째 주자도 바닥에 놓인 코코넛을 자기 왼쪽에 있는 아이에게 던져야 해.

코코넛이 다시 첫 주자에게 돌아올 때까지 똑같은 방식으로 계속하는 거야. 놀이를 하는 동안 모두 제자리에 그대로 서 있어야 해. 코코넛을 놓치면 코코넛을 잃은 것이므로 그대로 바닥에 두어야 하지. 두 편 다 놀이를 마치면 첫 주자에게 돌아온 코코넛 수를 세어 봐. 코코넛 1개당 1점이야. 놀이를 먼저 끝낸 쪽은 3점을 덤으로 받아. 점수가 많은 쪽이 이기는 거지.

캥거루 꼬리 잡기

● **몇 명이 해?**
4명 이상인데, 많을수록 좋아.

● **뭐가 있어야 해?** 손수건 1개

● **어떻게 놀아?**

어디에서 놀이를 할지 장소를 확실히 정해. 놀이를 할 때에는 약속한 놀이 장소를 꼭 지켜야 해. 두 사람을 뽑아 한 명은 캥거루, 다른 한 명은 사냥꾼이 되는 거야. 캥거루는 허리띠나 바지춤에 손수건을 꼬리처럼 꽂아. 다른 아이들은 밀림 역할을 해서 나무처럼 팔을 벌리고 서 있는 거야.

사냥꾼은 캥거루 꼬리를 잡아야 해. 사냥꾼과 캥거루 모두 나무를 건드리면 안 돼. 나무들은 그 자리에 그대로 서 있어야 하지만 캥거루나 사냥꾼을 팔로 칠 수는 있어. 캥거루나 사냥꾼을 팔로 치면 역할이 바뀌지. 나무는 캥거루나 사냥꾼이 되고, 사냥꾼이나 캥거루는 나무가 돼. 사냥꾼이 캥거루의 꼬리를 잡으면, 사냥꾼은 나무 두 그루를 고를 수 있어. 이 나무 두 그루가 이제 캥거루와 사냥꾼이 되어 놀이를 새로 시작하는 거야.

 추천의 글

가장 멋진 놀이는 또래와 어울려
어떻게 놀까 궁리할 때 생겨난다!

세계 각국의 아이들은 저마다 다른 생활환경에서 자랍니다. 하지만 모두 놀이를 좋아한다는 공통점이 있죠. 놀이는 아이들이 스스로를 시험할 수 있게 하고, 기쁨과 두려움을 표현하게 해 줍니다. 또한 앞으로 인생을 살아가는 데 꼭 필요한 체험을 하게 합니다. 나라마다 아이들이 자라는 문화와 생활환경이 다르듯이 놀이의 종류도 다양합니다.

'이 책을 읽기 전에'에서 말했듯이 나는 해마다 우간다에 갑니다. 그곳에서 나는 부모를 에이즈로 잃고 친척 집에서 가난에 쪼들리며 살아가는 아이들과 마주하게 됩니다. 전기도, 수도 시설도 없는 오두막에서 사는 아이들에게 장난감이 있을 리 없습니다. 아이들은 학교에 갔다 오면 집안일을 도와야 합니다. 그렇지만 이 아이들도 노는 것을 좋아합니다. 열한 살 루시 아칸콰사가 내게 이런 말을 했습니다.

"평일에는 학교에 가야 해요. 날이 밝자마자 집에서 나와 컴컴해져서야 집에 돌아가요. 학교에서는 쉬는 시간이면 친구들과 운동장에서 놀아요. 주말에는 할머니를 도와 들에서 일을 해야 해요. 무척 지루해요. 근처에 제 또래 친구들이 살지 않거든요. 점심때 물 공급소에 가야 하는데, 그때는 기분이 좋아요. 물 공급소까지 가는 데 한 시간이나 걸리지만 그곳에 가면 친구들이 있어요. 물통에 물을 채우고 친구들과 조금 놀다 다시 집으로 돌아와요. 가끔은 놀다가 시간이 가는 줄 모를 때도 있어요."

루시와 루시의 친구들이 이렇게 힘든 상황에서도 놀이를 통해 기쁨을 얻고 창의성을 개발하는 것을 볼 때마다 나는 놀라울 뿐입니다.

독일의 구호 기관 '우간다와 함께하는 협회'는 오래전부터 우간다 남서쪽에 위치한 키소로 지역의 아이들을 후원하고 있습니다. 후원자 프로그램과 건강 증진 및 교육 프로그램을 통해 아이들과 그 가족이 좀 더 나은 삶을 살 수 있도록 노력하고 있습니다.

독일에 사는 내 아이들은 우간다에 있는 아이들과는 전혀 다른 환경에서 자랍니다. 아이들을 유심히 살펴보면, 가장 멋진 놀이는 손만 뻗으면 집을 수 있는 장난감이나 게임기, 스마트폰 같은 기기에서 나오는 것이 아니라는 사실을 알 수 있습니다. 그것은 또래와 어울려 어떻게 놀까 궁리할 때 생겨난다는 것이지요.

이 책을 통해 세계 여러 나라의 문화와 놀이를 발견하는 즐거움을 누리길 바랍니다.

아냐 메킹 (독일 '우간다와 함께하는 협회' 회장)
www.miteinanderfueruganda.de